## SALTO

Diese erst vor kurzem wiederentdeckten Betrachtungen schrieb Djuna Barnes in den zwanziger Jahren für den ›New Yorker‹ und andere amerikanische Blätter. Es sind Geschichten von reisenden Frauen und über das Reisen, das damals nicht nur für die mondäne Avantgarde höchster Ausdruck der Freiheit war, sondern auch zum erstenmal von Frauen – allein – wahrgenommen wurde.

Djuna Barnes war eine leidenschaftliche Reisende, so wie sie eine ebenso leidenschaftliche Stadtneurotikerin war. Ihre Reisebilder schwanken deswegen auch stets zwischen Fernweh und Asphaltweh: locker, sardonisch, vergnügt, elegant und immer mit den aberwitzigsten Sentenzen überraschend.

Bilder von der Lust des Reisens, witzig, selbstironisch, exzentrisch: Sie reißen den Stadtbewohner in die Ferne und den Reisenden aus der Ferne heimwärts.

# Djuna Barnes

*Die Frau, die auf Reisen geht,*
*um zu vergessen.*
*Reisebilder*

Aus dem Amerikanischen und
mit einem Nachwort
von Inge von Weidenbaum

Verlag Klaus Wagenbach    Berlin

*Das Bild auf Seite 2 zeigt Djuna Barnes und
Charlie Chaplin, um 1930, vor dem
Hotel Adlon in Berlin.*

# Inhalt

Die Frau, die auf Reisen geht, um zu vergessen
7

Ein Hauch von Indiskretion
15

Französische Etikette für Ausländer
25

Diese Sehnsucht nach Einsamkeit
33

Ein Denkzettel für Afrika
41

Über die Heimkehr aus der Fremde
51

Inge von Weidenbaum    Nachwort
61

Anmerkungen
73

Quellen, Reisestationen
74, 75

## Die Frau,
### die auf Reisen geht,
#### um zu vergessen

D as erste Anzeichen an einer Frau, die im
Begriff ist zu vergessen, ist eine Klage wegen
Bruch des Eheversprechens gegen irgend einen
Daddy, der die Mühe wert ist. Wenn sie Erfolg hat,
kriegt sie den größeren Teil von einer halben Million
Dollar. Daraufhin wird sie jünger und jünger, bis sie
kaum mehr ist als ein Gurren in einer Korbwiege,
umzingelt von einem warnenden Zischen, das ihre
Mutter ist.

Wenn es schief geht, wird aus ihr, was jede Frau
wissen sollte. An jeder Ruine von Karthago bis zum
Limpopo, von Rom bis an die Ostsee, und desgleichen in jedem Kurort, jedem Seebad, in jeder über-
laufenen Sommerfrische und an vielen von den
unbedeutenderen Heilquellen, kann man große
Frauen und kleine Frauen sehen, aschblonde Frauen
und ebenholzschwarze, die klagen und kichern und
zu vergessen versuchen. Das sind diejenigen, denen
es schief gegangen ist. Man wird sie in Bad Kissingen
antreffen, in Vichy, in Vittel und in Como, wo sie
schwimmen, Boot fahren und Lethe trinken, kübel-
weise, aus hohen imposanten Gläsern, wie sie es bei
Proust und bei Rebecca West gelesen haben.

Nun vergißt eine Frau niemals so gut, wie dann,
wenn sie für diese Rolle gekleidet ist. Unsere Heroine, Elvira van Winkel war eine von ihnen.
Zu Beginn dieser Geschichte vergaß sie gerade in
hellem und kleidsamem Apfelgrün. Sie war sehr

*Zeichnung von Djuna Barnes*

amerikanisch, aber sie befand sich in Madrid. Es sei, sagte sie, eine ihrer Stätten des Vergessens. Eine Frau sucht sich niemals einen unbekannten unattraktiven, unbesuchten, felsigen oder wasserlosen Ort, um dort zu vergessen. Sie würde möglicherweise nicht nur vergessen, sondern – schauderhafter Gedanke! – vergessen werden. Wozu sollte es schließlich gut sein, zehntausend Meter hoch auf dem Matterhorn zu vergessen, wo niemand, nicht einmal ein Bergführer, sehen könnte, ob du mit einer Träne vergißt, einem Seufzer, einem Schluckauf, einer Mandoline oder mit einem wilden und herzhaften Lachen. Wäre ein Bergführer dort, würde er es schlicht als Magengurgeln abtun, denn die unteren Klassen halten die schwer deutbaren Leiden immer für eine Verdauungsstörung. Nur ein Gentleman vermag beim ersten akuten Krampfanfall zu begreifen, daß dies kein Symptom der Sklerose ist, sondern das Beben einer schmerzlichen, markerschütternden Erinnerung. Letzten Endes ist dies der Zweck, um dessentwillen die Oberen Zehntausend da sind. Nicht weil sie etwa einer Nation von Natur aus gut tun, nicht weil sie schöner anzusehen sind oder auf das Höchstmaß des Absoluten besser eingestimmt, sondern weil sie wissen, wenn eine Dame von Klasse »puh« sagt, ist es nicht, weil ihr das Schneehuhn in Portweinsauce aufstößt, sondern weil ihre Vergangenheit plötzlich die Richtung gewechselt hat und sich über sie lustig macht.

Jedermann weiß, daß der Erste Preis fürs Vergessen an jene Handlung geht, die man als »In-jemandes-Arme-Fallen« kennt, etwas, das später »Durch-tadellosen-Lebenswandel-vergessen-gemacht« werden muß. Elviras Fall hatte die Gestalt eines Matadors im Gold- und Silberschmuck angenommen, der Spaniens Wohlgefallen errungen hatte durch die leichte, um nicht zu sagen ätherische Art, in der er seinem letzten Stier ausgewichen war. In Wirklichkeit war es überaus einfach gewesen. Er hatte diesen Zweikampf in der Musikhalle des Hotel Magnifico angesetzt, wo er Elviras Hand gehalten hatte, als er zu ihr sagte, daß sein Leben ganz fidel sein würde, wenn er bloß ein Artistentrikot erfinden könnte, das zäh wie Leder, haltbar und elastisch wäre. Und im Sprechen tat er einen hungrigen Blick auf einen Solitär, für den Was-sie-zu-vergessen-versuchte glatte Dreitausend bezahlt hatte.


Mit einem unterdrückten Schluchzer hatte ihm Elvira eine blaugetüpfelte Bandanna aufgedrängt. »Wenn du aufhören würdest, dieses Tier zu ärgern, und ihm nicht mehr mit der Farbe, die es am meisten verabscheut, vor der Nase herumfuchteln würdest, hättest du bessere Aussichten, dich als Mann zu bewähren. Denn welcher Kerl, egal wieviel Bizeps er hat, kann schließlich solid und verläßlich bleiben, wenn er jeden Nachmittag durchgeschüttelt wird wie Zitronensaft zur Cocktailstunde?«

Und sie geht fort. Es ist zwecklos, das eine zu vergessen, wenn du dich dem andern aussetzt.

Sie reist nach Deutschland. Sie wandert durch Berlin. Sie grübelt im Schatten Unter den Linden. Sie wimmert unter einer märchenhaften Aufführung des »Faust« in der Staatsoper, mit dem heute üblichen Beiseite von Heine, Schnitzler, Mann und Werfel. Sie wandert an der Spree, und dort, in der geisterhaften Pracht desselben Mondes, der einst auf Omars berauschten Schädel niederschien, hört sie wieder von Liebe, als Herr Baron von Schildkraut, der Sohn des Oberkellners, ihr ein Edelweiß ansteckt, mit einem so bestechend alpinen Anhauch, der ihr ums Haar einen unauslöschlichen *Weltschmerz* [deutsch im Original] verursacht hätte. Nein, sie kann derlei Dinge weder erinnern noch vergessen.

Sie muß fortgehen, aber vor der Abreise überreicht sie ihm ein Abschiedsgeschenk; die Frauen sind nun einmal so, selbst die besten unter ihnen. Sie schenkt ihm ihr Taschentuch, eingefaßt mit Battenberger Spitze. Es ist das nämliche, das er später als Aderpresse für die Hinterpfote seines Schnauzers verwenden wird, wenn der sich mit dem Dackel am Platz gegenüber beißt.

Sie geht nach Paris. Sie ist jetzt nicht mehr jung, sie weiß es selbst. Sie hat davon diesen steifen Rücken

*Berlin,*
*Unter den Linden;*
*um 1928*

bekommen und dieses Schiffschnabelgesicht, das man an den Gallionsfiguren norwegischer Schmakken sieht, vom Kielwasser zerklüftet. Sie ist nicht bitter, sie ist ausgelaugt, *ausgelaugt!* Sie will nie wieder etwas von Wasser hören. Beim bloßen Gedanken an ein weiteres Glas Mineralwasser, in Hautnähe eines vermodernden Barons oder einer verblühten Principessa geschlürft, schwinden ihr die Sinne. Ausgelassen will sie sein! Wild! Es ist ihr Schwanengesang. Sie will ein Schwan sein, sie wird singen und ihr niedergebranntes Licht in der nicht allzu nahen Zukunft verlöschen lassen, wie eine von königlichem Geblüt. Ausgelassen, mit einer Geste der Herausforderung, und wenn das verdammte Ding ausgeht, kann man sich immer noch ein andres kaufen – aber nein, sie wandert weiter!

Elvira van Winkel wird sich jetzt aufraffen, sie wird eingehen in die Stadt der Ewigen Liebenden, die einen so herrlich vergessen macht. Jene glatten, höflichen, unvergleichlichen Galane mit ihrem unerhört poetischen Hintergrund, den Quais, Notre Dame, dem Pantheon, den endlosen Etceteras, den Kiosken, den Weinen aus der Normandie – oder war es die Butter? Was immer es sei, sie wird eine schöne Antiquität werden, ihre Seele wird Patina anlegen, die Gott weiß wieviel wert ist pro Zentimeter. Sie wird zerbröckeln wie die großartigen Bauwerke aller Zeiten, ihren Kopf in der Ruhmeshalle, die Füße in einer Wanne mit heißem Wasser. Aber bis dahin – vergessen, in dieser Stadt des Herzens.

Sie geht weiter. Es fängt an zu regnen, dieser Nieselregen, den nur Frankreich kennt, traurig, unaufhörlich, ereignislos. Sie winkt ein Taxi herbei, und in

*Zeitgenössische Illustration (von Herb Roth)
zum Text von Dunja Barnes*

diesem Augenblick prescht mit einem Sprung und einer Verbeugung ein Schatz von einem Franzosen vor, den Mantel ausgebreitet, um ihn ihr unter die Füße zu legen, versteht sich.

»Pardon«, sagt er, »aber Sie sind mir im Weg!« und mit einem »Allez«, das die schrille Tonhöhe einer zornigen kleinen Göre hat, fegt er Elvira in den Rinnstein und entschwindet in ihrem Taxi in Richtung Neuilly oder zu irgendeinem andern dieser wundervollen Etceteras.

Nein, sie ist nicht alt, sie ist sauer! Sie wird zurückgehen, und der Sache die Stirne bieten, dort in Amerika, wo sie zum ersten Mal hatte vergessen wollen. Dort, in dem (etwa zehn Häuserblöcke langen) Schatten des Bürogebäudes, wo die Ursache ihres Kummers haust, wird sie vergessen. Schließlich war eben Henry auch so ein Irrtum, wie alle netten amerikanischen Männer. So leicht verlegt und wiedergefunden.

## Ein Hauch
## von Indiskretion

Wenn ein Amerikaner auf Reisen geht, geht er gleich so weit, nicht wahr? Er steigt aus auf dem Gare St. Lazare, als hätte er um ein Haar seine Station verpaßt, und dann sucht er sein Gepäck zusammen, in einem Gewürge von Französisch, das sich anhört, als hätte er erwartet, etwas ganz anderes zu sprechen, n'est ce pas?

Doch *bist* du erst einmal in Frankreich, rechnen die Franzosen damit, daß du auf der Stelle französisch bist. Das ist, gelinde gesagt, gefühllos. Ganz gleich, wieviel du von der Sprache verstanden zu haben meinst, es bringt einen aus der Fassung, wenn man *eau chaude* aufdreht, und es kommt *froid* und *froid* aufdreht, und es kommt genau – das. Wenn du mit hilflosem Lachen, in der Ekstase des Bildungseifers auf den Klingelknopf für *femme de chambre* drückst, und es schießt ein Licht auf dich nieder, gerade als du dich nicht sehen wolltest, und du drückst, wutentbrannt, auf *lumière* und es erscheint die *femme de chambre*, gerade als du von ihr nicht gesehen werden wolltest – tja, das mag durchaus französisch sein, aber du bist ganz schön fertig. Dein Atem geht unregelmäßig, wie du daliegst in deinem Sessel und zu deinem Entsetzen feststellst, daß das bei weitem nicht alles ist. Der kleine weiße Knopf, auf den du deinen Mantel gehängt hattest, hat den *chef* gerufen und du bist genötigt, ein schweres Mahl einzunehmen, gerade wenn dir am wenigsten danach zumute ist.

*Der Eiffelturm in Paris,*
*zur Zeit der Ausstellung*
*›Des Arts Décoratifs‹, 1925*

Und das ist noch immer nicht alles. Da ist das französische Geld. Es ist so gänzlich anders. Es ist dünn und schlaff und hat nicht viel Wert. Du hast solche frischen, gesunden eindeutigen Dollar hingegeben, und was hast du zurückbekommen? Einen Haufen kränkliches Papier, mit Wörtern darauf, die nach gar nichts klingen, *cent* zum Beispiel, das kann nicht viel sein. Du gibst sie der nächsten Blumenhändlerin (gesprächig, aber scheußlich anzusehen) als Bezahlung für eine Nelke, eine Blume, die dir besonders zuwider ist, aber dem Herzen der Franzosen teuer, und du wartest auf das Wechselgeld, falls da welches ist. Ist aber nicht. Nichts rührt sich in dem Gesicht hinter dem Blumentresen, nur in den Augen erscheint ein merkwürdiges unirdisches Licht. Hast du ihr etwa zuwenig gegeben? Du gelobst dir, es so bald als möglich herauszufinden.

Auf dem Weg ins Theater, am übernächsten Abend, stellst du fest, daß du's nicht kleiner hast oder ist es größer, als wiederum in *cent* Noten. Hier bietet sich nun die einmalige Chance, zwei davon an dem Taxichauffeur auszuprobieren. Er sieht solide aus, intelligent, wenngleich eine Spur *gêné*. Abermals keine erkennbare Veränderung in den Zügen, allerdings dasselbe Licht, das seine sofortige, überstürzte Flucht auf quietschenden Rädern in die Schwärze der Nacht begleitet. Wie soll man da lernen?

Während des ersten Akts hast du ein deutliches Vorgefühl, daß etwas mit dir nicht in Ordnung ist, trotzdem, das Stück ist köstlich. Es heißt »Le Bœuf sur l'Escalier« oder so ähnlich. Es handelt von einem rüden Burschen mit Namen »Apache«, der ein rotes Tuch um den Hals trägt und eine Mütze über dem Auge, und der offensichtlich glaubt, seine

Tanzpartnerin sei etwas, das gekillt gehört. Dann kommen eine Menge junge Dinger herausgestürzt und nehmen dir förmlich den Atem mit »Way down south in the land of cotton«, und die Jazzband tobt wie verrückt, und jemand stupst dich in die Rippen, und du fürchtest, es ist eine kleine *grisette*, die deine Aufmerksamkeit auf die Unterwelt zu lenken versucht, und du drehst dich herum, um ihr kundzutun, daß sie von dir aus unten bleiben kann, und dein Auge trifft auf dieses gierige europäische Starren der Platzanweiserin, die überlegt, welche Waffe sie gebrauchen soll, weil du nicht wußtest, daß sie ein Trinkgeld zu bekommen hat. Schon gut, schon gut, du bist Amerikaner, und deinetwegen soll von seiten dieser Republik kein Makel auf den Reichtum deines Landes fallen.

*Paar im Apachenkostüm*

Während des *entre'acte* schaust du wieder ins Publikum. Schließlich möchtest du mit eigenen Augen sehen, wie sich die Franzosen an einer Vergnügungsstätte benehmen. Da starren, Reihe um Reihe, all die Leute auf dich zurück, mit denen du Amerika verlassen hast, die sich furchtbar schwertun mit ihren Programmen und sich den Anschein von Weltkenntnis geben. Du tust das gleiche. Zum Schluß, wenn du in der Halle über Tante Maria stolperst und sagst »*pardonnez-moi*« und sie gibt zur Antwort »*pas du tout*«, habt ihr beide das sichere Gefühl, daß ihr, jeder auf überaus vornehme Art, mit etwas außergewöhnlichem Französischen zusammengestoßen seid.

Bist du erst einmal draußen, unter den gedämpften Lichtern des Boulevards, fällt dir auf, daß die Ehegattin hinreißend ausschaut. Sie war den ganzen Tag beim Einkaufen, du hattest nur noch keine Zeit, auf ihre Anschaffungen zu achten, aber jetzt siehst du sie. Du sagst ihr, daß eigentlich nur eine Amerikanerin französisch aussehen kann, die Pariserinnen sehen alle irgendwie so anders aus. Du gibst diese Ansicht kund.

»Ist es nicht himmlisch«, sagt sie, wobei sie sich die Nase pudert und *andante*, mit der Auflage von etwas *très rouge* ihren Lippenschwung verbessert. »Ich hab alle Kreationen von Patou und Lanvin und Jenny und ach Gott, ein Dutzend anderer angeschaut und schließlich, wie ich so überfüttert war von allem, was ich gesehen hatte – mit Langetten wo du einfach keine hast und farbigen Einsätzen, wo du keine haben kannst und Streifen in alle Richtungen, die du einfach nicht haben darfst, und das ganze Ding von einer Wirkung, daß du's wirklich haben

18

mußt – also da bin ich schleunigst hinaus und hab’ dieses Kleid in einem exklusiven englischen Laden gekauft und ein Tweedkostüm in einem genauso exklusiven schottischen Warenhaus, einen Filzhut in einem schicken russischen Geschäft und ein Paar amerikanische Stiefel. Ich kann diese französischen Sachen nicht anziehn, sie sind so komisch, sie sehn so seltsam aus von oben, und sie wirbeln dich nach vorne, und bei diesen Verkehrsregeln – du zahlst Strafe, weißt du, wenn du umgefahren wirst – kann ich mir nicht leisten zu wirbeln.«

»Ich hab Laura getroffen und wir haben Unmengen Strümpfe gekauft, sie halten keine Minute, sagt sie, aber sie haben solche süßen eingewebten Verzierungen an der Seite und schließlich, wenn du in Paris bist, mußt du etwas einkaufen, das erwartet man von dir. Dann haben wir uns auf unsere Bildung besonnen, und Laura sagte, daß sie sich mit einer Gruppe Amerikaner am Louvre treffen muß, also gingen wir hin, und da waren sie, alle auf einem Haufen, und ausgesehen haben sie, wie wenn sie darauf warten, daß irgendetwas passiert, und da sind wir gleich wieder hinaus und ein Eiscrème-Soda trinken gegangen. Die sind so schwer aufzutreiben in Paris, daß du dir schier unmoralisch vorkommst, wenn du eins trinkst, und eines von den Mädchen hat einen Sherrybrandy genommen, weil sie sagte, für sie wäre es dermaßen ungewohnt, so weit weg von der Strafe gegen die Prohibition zu verstoßen.«

»Also, wir haben den Louvre und das Grab von Oscar Wilde besucht und Napoleons Grabstätte und den Eiffelturm und St. Denis. Ich muß sagen, der Eiffelturm war eine Enttäuschung für mich. Ich kann keinen Sinn darin sehen, daß man so ein Ding voller Löcher erbaut. Aber St. Denis war großartig. Sie haben dort den tollsten Unterkeller mit zerbrochenen Grabplatten. Männer und Frauen in Stein liegen dort massenhaft herum, und eine, ein süßes, dickes kleines Geschöpf, hat mich so an Emily erinnert, wenn sie schläft. Ich sagte das, und alle beugten sich vor und versuchten, die Ähnlichkeit zu sehen. Dieses korporative Beugen weißt du, alle zusammengedrängt, als ob es unloyal wäre, einen Eindruck außerhalb der Gruppe zu gewinnen.«

»Und dann, Liebster, der Louvre! Du mußt hingehen. Es ist ein gänzlich schmuckloser Ort und so grenzenlos. Du kannst dich dort wirklich entspannen. Und die Griechen! Mir war bis heute nicht bewußt, wie griechisch die Griechen sind. Kein einziger mit einem fremdartigen Einschlag. Und ausgesprochen klassisch. Du weißt zum Beispiel, daß die Venus von Milo nie hätte etwas anderes sein können als klassisch, auch wenn sie ihre Arme und das ganze Zeug, was man abgehackt hat, behalten hätte.«

»Die Ägypter? Also irgendwie hab ich nicht das Gefühl, daß die sympathisch sind. Sie starren entweder alle geradewegs über deinen Kopf hinweg oder seitwärts die Wand entlang, gewissermaßen außerhalb der Zeit. Also, wenn es etwas gibt, was mir gefällt, so ist es der Augenblick. Die Ägypter sehen nicht so aus, wie wenn sie jemals mit der Zeit gegangen wären, und wenn ich etwas von mir sagen darf, ich gehe mit der Zeit. Du weißt genau was ich meine, du hast es gestern selbst gesagt, als wir durch das Schloß von Versailles gingen – nichts erscheint einem dort vertraut. Genau so ist es in manchen Abteilungen des Louvre, aber die Postkarten sind himmlisch. Also mit einem Bild von den Ägyptern auf einer Postkarte fühl ich mich auf der Höhe, und außerdem sind sie so praktisch, ich kann ein Wort auf eine Postkarte schreiben und Mutter wissen lassen, daß ich die Welt sehe, und gleich bekommt das Ganze einen Sinn.«

Ja, sie sehen die Welt, diese Amerikaner. Sie gehen an die Riviera, nach Monte Carlo und Cannes und Gott weiß wohin. Monte Carlo ist so aufregend. Du kannst im Casino alles was du hast verlieren – in weniger als zehn Minuten. Ist das nicht erstaunlich? Vor allem, wenn du bedenkst, daß es Papi vierzig harte Jahre gekostet hat, um es zusammenzuraffen. Es ist so etwas *vite* in der Art, wie sie die Dinge anpacken. Natürlich gibt es auch Rückschläge. Zum Beispiel ist es grauenvoll, wenn du all deine Francs an irgendeine fette, kleine, diamantenstarrende Person verlierst, von der du nicht nur keine Notiz genommen hast, sondern, wenn du es tust, findest du Schmucktragen ekelhaft.

Dann die Gärten! Wer weiß, wieviele Leute sich in den Gärten in den Kopf geschossen haben wegen der schweren Verluste! Stell dir das vor! Als ob man irgendeinen Verlust mit seinem Kopf aufwiegen könnte!

Von der Riviera ist es nur ein Katzensprung nach Korsika oder nach Italien. Die Italiener haben so eine hinreißende Lässigkeit. Etruskische Vasen, *bimbi* und Ohrringe. Du weißt nie, was was ist, aber das spielt keine große Rolle im Süden.

Außerdem ist da noch Deutschland, auch das sollte man gesehen haben. Aber wie dem auch sei, die Amerikaner sind ja so sprunghaft. Kaum haben sie die Sphinx gesehen, haben sie sie auch schon über. Dasselbe ist mit dem *Tiergarten* [deutsch im Original] und der Westminster Abbey, und wenn du am Ende nicht mehr weißt wohin, weil du schon überall gewesen bist, na ja, du verstehst schon, war an alledem wirklich so viel dran? Eigentlich hätte mehr dabei herausschauen können, wenn man bedenkt, daß sich die Welt seit Urzeiten dreht und die Natur unberechenbar ist.

Trotz allem, Reisen ist nützlich. Du fühlst dich nie ganz wohl und auch nicht wirklich glücklich in

*Monte Carlo*

Europa. Alles ist so anders, wahrscheinlich wirkt es deshalb so fremd. Aber, wie gesagt, Reisen nützt wirklich. Wenn du gereist und gereist bist, ach, fast zwei Monate lang, und du bist zurück in den Staaten, kannst du soviel mehr und ganz verschiedene Leute unglücklich machen und verwirren und aus dem seelischen Gleichgewicht bringen. Zum Beispiel, wenn du abends zum Essen ausgehst, was kannst du dir da nicht für ein wirkungsvolles Entrée verschaffen mit dem schlichten Ausruf »*Hélas, mon pauvre Paul, mon pauvre Antoine!*« Oder »*Wenn ich in den Augen sehe*« [deutsch im Original] – oder »*Portobello*« und dergleichen mehr. Du beherrschst weit besser jede intellektuelle oder künstlerische Konversation. Wenn jemand, den du gründlich haßt, sein jüngstes Gemälde erwähnt, murmelst du etwas von einer winzigen Leinwand, auf die du einen Blick geworfen hast hinter einer *portière* im Musée de Cluny.

In einer Demokratie ist es immer von Nutzen, wenn man ein wenig französisch ist in der Kleidung, ein wenig italienisch im Schmuck, ein wenig englisch im Benehmen und ein wenig russisch im Denken. Schließlich macht einen das so amerikanisch!

## Französische
## Etikette für Ausländer

*Als eine freundliche Warnung an den
ahnungslosen amerikanischen Touristen,
der in Paris frei herumläuft.*

Wenn man Sie den Löwen vorwerfen würde,
um, sagen wir, vier Uhr, würden Sie sich
nicht in diesem entscheidenden Augenblick wünschen, daß ein rücksichtsvoller Vorgänger einen Fin-
gerzeig hinterlassen hätte, nicht über die Größe und
Farbe der Bestie, (die können Sie selbst sehen) sondern über Mittel und Wege, ihren Hunger mit einem
pflanzlichen Mischfutter zu stillen, ihren Grimm
durch Handzeichen zu besänftigen und sie aus der
Nähe ein wenig auf Distanz zu halten?

Und doch wird Jahr um Jahr der arglose amerikanische Christ in die Arena geworfen, darin eine
unbekannte Größe würdevoll einherschreitet – die
französische Seele. Ohne Belehrung oder Vorwar-
nung, *sans* Schliff und *sans* Schläue, gleichermaßen
unerfahren in der Kunst, das Fell zu streicheln und
das träge, ominöse Schaukeln des Schweifs zu
beschwichtigen.

Wer hat etwa nicht Bücher über gesellschaftliche
Etikette gesehen, nein, sich in sie vertieft, die aus-
drücklich zu dem Zweck geschrieben wurden, Leute
aller Stände im sicheren Auftreten bei Hochzeiten
und Begräbnissen und im überlegenen Gleichmut
gegen Bettler wie gegen Fürsten zu unterweisen, und
sie zu vortrefflichen *Connaisseurs* der Briefschreibe-
kunst zu machen. Broschüren für alle, die nicht allzu

*Abendkleid von Chanel
(1925)*

viel übrig lassen möchten für die, höchstwahrschein-
lich fragwürdigen, Vorbilder bei sich zuhaus.

Regeln für Amerikaner in Amerika, für Englän-
der in England, und, soweit uns bekannt ist, Hin-
weise für Hindus. Falls es jedoch eine Anleitung
gibt, nicht nur für schickliche Manieren, sondern
auch für die Sicherheit von Ausländern im allgemei-
nen (und Amerikanern im besonderen), wenn sie
Frankreich besuchen, mir ist noch keine unter die
Augen gekommen.

Dies ist also solch eine Anleitung, die entworfen
wurde, um das Reisen zu einem Vergnügen zu
machen und allen Leuten, die danach streben, sich in
Europa den »letzten Schliff« zu holen, eine sichere
Heimkehr zu garantieren.

Stellen Sie sich vor, Sie treten aus dem *gare*
heraus; Sie sind unweigerlich deprimiert darüber,
daß es in Strömen regnet und auch darüber, daß
Sie nicht die leiseste Ahnung haben, wie weit
was wovon entfernt ist. Nun dürfen Sie als Frau
niemals versuchen, sich unter dem gastlichen Vor-
dach eines Cafés oder einer Boutique unterzustel-
len. Die sind (aus Instinkt, wessen weiß niemand)
den Männern vorbehalten, desgleichen jedes Taxi,
jede Tram, jeder Bus, besonders bei schlechtem
Wetter. Deswegen gehört es sich, keinen Unmut
zu zeigen, wenn ein vollendeter französischer
Gentleman Sie mürrisch vom Kotflügel fegt, in die
nasseste von zwei Pfützen hinein, sodann im
Rhythmus dieser urigen Bewegung Ihre Hand von
der Taxitüre reißt und Ihre Adresse aus der Erinnerung des Fahrers spurlos verdrängt durch seine
eigene, die neuer und vollständiger ist. Alle Natur-
katastrophen, vom Regen bis zur Guillotine, sind

infolge des nämlichen Instinkts den Damen vorbehalten.

Wenn jedoch der Regen nachläßt und die Sonne plötzlich hervorbricht, was selten genug geschieht, und Sie erwischen ein Taxi, weil niemand anderer es will, das Sie zu ihrem Hotel bringen soll, so beschimpfen Sie nicht den Fahrer, wenn er Sie einige zehn oder zwölf Häuserblöcke über die angegebene Hausnummer hinausfährt. Er gibt Ihnen lediglich seinen angeborenen Stolz zu erkennen, jenes Etwas, das Frankreich französisch macht. Mit anderen Worten, er beweist Ihnen, daß er nicht nur Ihre Hausnummer kennt, sondern eine Unzahl von Hausnummern, die alle etwas wert sind. Sie sollten ihm seinen Willen lassen, und außerdem tut Ihnen Zufußgehen sehr gut, und während Sie zurückwandern, wird er langsam neben Ihnen herfahren und Sie aus erster Hand in eine Ausdrucksweise einweihen, von der Sie nie etwas geahnt hätten. Und wenn Sie Ihr eigenes Hotel erreicht haben, werden Sie dankbar sein zu erfahren, daß zwei Fahrpreise zu bezahlen sind, einer, den Sie ihm schulden für den Weg über das Hotel hinaus, und einer, den Sie ihm schulden für den Weg zurück zum Hotel. Am besten, Sie bezahlen.

Wenn Sie Ihren Zimmerschlüssel entgegennehmen, fragen Sie nicht, ob es in dem Etablissement ein Badezimmer gibt. Früher hat es eins gegeben, aber es war belegt vom Leichnam eines OxfordStudenten, der ein Gedicht der Präraffaelitischen Schule zuviel gelesen hatte. Nichts blockiert die sanitären Anlagen so wirkungsvoll wie die MalvenDekade.

Ihr nächster Schritt sollte Sie zum Telefon führen; wenn Sie dort Ihren Gesprächspartner endlich erreichen (Sie werden eine Stunde oder länger brauchen) sollten Sie ihn bitten, daß er Ihnen den Vertreter einer Versicherung heraufschickt, bevor Sie wieder auf die Straße gehen. Wenn Sie schon einmal in Paris waren, werden Sie wissen, warum. Denn sollten Sie beim Überqueren der Place de la Concorde in zwei Richtungen und von zwei Autos – eines rast südwärts, eines ramponiert es nordwärts – überfahren und getötet werden, werden Sie zwei Strafen zu bezahlen haben. Diese Place ist nur eine von vielen, wo Sie mehreren Todesarten ausgesetzt sind. Ihre Versicherung wird ungefähr die Punkte Ihres Hinscheidens decken.

Wenn diese Angelegenheit erledigt ist, können Sie einen Nachmittag für den Besuch von Sehenswürdigkeiten planen. Die Franzosen haben hinsichtlich ihrer historischen Denkmäler ziemlich einhellige Ansichten. Und Sie werden sich keiner Verletzung des guten Tons schuldig machen, wenn Sie ihnen beipflichten. Sollte Sie jedoch das unbezähmbare Verlangen ergreifen, irgendein Bauwerk, wenngleich noch so sanft, zu kritisieren, so bezwingen Sie in jedem Fall den Drang nach der Frage, »Warum der Eiffelturm?« Der Franzose wird vermutlich darauf antworten, »Warum die Freiheitsstatue?«

Von Ihnen beiden werden Sie sich in der größeren Verlegenheit befinden.

Wenn Sie Einkäufe machen, verlangen Sie von einem *marchand* nie, daß etwas sofort verfügbar ist. Sie haben alles prompte Handeln in der Revolution erschöpft. Es ist ihnen unmöglich, sich zu einem näheren Termin an der Arbeit zu sehen, als Montag in vierzehn Tagen. Diese Angewohnheit trägt in Frankreich den Namen Fortschritt.

Umgekehrt versuchen Sie nicht, ihnen die drangvolle Eile des amerikanischen Geschäftsmanns auszumalen. Sie haben nun einmal keine gute Meinung von uns.

Wenn Sie ein Gentleman sind, der sich unbedingt einen neuen und schicken französischen Sommeranzug anschaffen will, so lehnen Sie sich nicht dagegen auf, wenn der Schneider den Gürtel unter den Armen anbringt. Es ist der Beweis für seine Raffinesse – alle großen und alten Zivilisationen sterben am Ende den Erstickungstod. Die Franzosen haben es nicht mehr weit.

Sprechen Sie niemals auf einem Spaziergang durch die Gärten des Luxembourg ein französisches Kind an. Es wird die Vertraulichkeit übelnehmen, mit jenem Anflug von Eifer, der kleinen Gruppen eigen ist. Der Anflug ist gewöhnlich Matsch.

Bei einer Fahrt mit dem Nachtzug gehört es sich, daß Sie nicht gegen die hermetisch versiegelten Türen und Fenster protestieren. Man wird Ihnen sagen, daß der Zug schneller fährt, wenn er nicht gegen Einflüsse von außen anzukämpfen hat. Die französische Luft ist nämlich die einzige französische Einrichtung, die die Franzosen nicht leiden können.

Ich kann diese Abhandlung nicht beenden ohne ein Wort über jenes extrem gewagte Unternehmen, das man als »Den-Franzosen-Zuhause-Aufsuchen« kennt. Ich glaube, da gibt es nur zwei Wege. Einen über den Altar, einen übers Fenster. Das Fenster hat sich als der erfolgreichere von beiden erwiesen. Nichtsdestoweniger können Sie es auf die altmodische Art versuchen, indem Sie die äußerste Sorgfalt auf Ihre persönliche Eleganz verwenden, energisch zur Türglocke hinaufgehen und läuten. Sowie der Butler öffnet, schieben Sie Ihre Stiefelspitze zwischen Tür und Pfosten und fragen dabei in den blumigen Ausdrücken, wie sie in Peking im Schwange sind, nach dem Befinden des erhabenen, durchlauchtigsten, für diese Welt viel zu guten Gastgebers, ganz zu schweigen von der göttergleichen Dame des Hauses, und setzen hinzu, daß Sie hoffen, der Schlummer habe sein Herz erfrischt und die Quelle seiner Jugend sprudeln lassen etc., etc. Und dann sagen Sie schnell, wenn der energische Kick des Butlers Ihre allzu vorwitzige Extremität hinausdrängt und Sie hierdurch mit der Fußmatte involviert, wie sehr es Sie beglückt, daß er sich so gut bei Kräften fühlt, daß Sie hoffen, seine Gattin erfreue sich des gleichen Elans, und daß Sie, wenn er nichts dagegen einzuwenden hat, zumal Sie dank seiner Gastfreundschaft eine nicht unbeträchtliche Erschöpfung verspürten – beabsichtigen, sich in das Café an der Ecke zurückzuziehen, um einen Schluck Mineralwasser oder was es auch sei, zu sich zu nehmen.

Falls Sie sich jedoch entschließen, durchs Fenster einzusteigen (ich versichere Ihnen, es ist das meistangewendete Verfahren, namentlich in Badeorten), gehört es sich, daß Sie die Schuhe und den Hut ablegen, auf daß Sie zugleich geräuschlos und ehrerbietig seien. Sodann schleichen Sie auf Zehenspitzen und murmeln, wenn Sie auf die ruhende Gestalt der Perle aller Französinnen stoßen, die friedlich in ihrem Pariser Négligé schlummert: »Ich komme nicht als Verführer und nicht als Dieb. Ich will nichts als einen einzigen glücklichen Augenblick die Franzosen betrachten, umgeben von ihren eigenen Wänden, eingetaucht in ihre eigenen Traditionen und fern von dem polyglotten Pöbel in ihrem Land.« Ja, sagen Sie das, unter allen Umständen, aber lassen Sie den Mut nicht sinken, wenn sie, mit einem wohlmodulierten Rhode-Island-Schrei, in peinlich vertrautem Amerikanisch, kreischt: »Sie Rohling! Könnten Sie nicht wenigstens den Anstand haben, Franzose zu sein, wenn Sie schon in Frankreich sind. Ich will nicht, daß einer von meiner eigenen Rasse bei mir einbricht!«

Da bleibt nur eins. Gehen Sie, wie Sie gekommen sind. Aber indem Sie Ihren Fehler korrigieren, tun Sie gut daran, jenen zierlichen kleinen Kupferstich nicht mitgehen zu lassen, dem Kostüm nach aus der Zeit Napoleons II. Es ist ein Seriendruck aus Hoboken.

N.B. Für jemand, der in Frankreich ist, gehört es sich, daß er französisch spricht. Sie sind das so gewöhnt.

# Diese
## Sehnsucht nach Einsamkeit

*Die jammervollen Erfahrungen
einer jungen Dame, die Paris verlassen
wollte und nicht konnte.*

Also ich gehöre zu den Menschen, die gern im Café du Dôme sitzen, von berühmten Leuten umgeben – Strawinskij, Pascin, Copeau, James Joyce – und die von Eremiten und Einsamkeit träumen.

Ich bin nicht allein mit diesem sonderbaren Zeitvertreib. Jeder meiner Freunde hat sich das eine oder andere Mal über die sechs oder sieben andern hinweggebeugt und aus derselben Laune heraus mit tiefer vertraulicher Flüsterstimme gesagt: »Weißt du, ich möchte gar zu gern fortgehn von Paris. Ich möchte an einen ruhigen Ort gehen, so etwas wie die Balearen, wo ich sitzen und stundenlang über mich nachdenken kann und weiß, daß ich unbeobachtet bin; wo ich, wenn es mir paßt, tagelang egoistisch sein darf; ein Ort, wo die Leute nicht sind, und ich bin.«

Jedermann, der in einer Großstadt gelebt hat, kennt diese Reden und weiß aus eigener Erfahrung, daß es damit sein Bewenden hat, aber ich – anders als meine Freunde, die jahraus jahrein im Café sitzen und diesen wohligen Zustand erreichen, indem sie jedem, der ihn oder sie anspricht, die Antwort verweigern – ich packte meinen abgenutzten Lacklederkoffer, und als ich schon meine Aufkleber in der Hand hielt, fragte ich ein paar von meinen weitgereisten Freunden nach der abgelegensten und primitivsten Insel, vor allem fragte ich sie aus über die Insel Mallorca oder die »Glücklichen Inseln«.

Alle ergingen sich in Hymnen über diese Insel.

»Ach, wunderschön, herrlich, prachtvoll, einzigartig, göttlich.«

»Na gut«, sagte ich. »Aber ist es dort warm?«

»Warm? Es ist phantastisch!«

»Erschwinglich?«

»Fabelhaft!«

»Kann man ein Haus mieten?«

»Einmalig günstig. Jeden Donnerstag und jeden zweiten Samstag!«

»Was?« Ich schrie fast auf, in dem Bemühen, die Flut einzudämmen. Der vorderste in der Gruppe sagte, indem er den Blick zu einer kurzen Betrachtung profaner Dinge senkte: »Ach ja, alles, wie du es dir vorstellst. Die *peseta* einfach nichts gegen den Dollar.« In einer Woge von Verzweiflung befestigte ich meine Aufkleber, nahm ein Taxi und begab mich eiligst auf den Weg nach Mallorca.

Nun ist der Eremit auf dem Weg zur Einsamkeit darauf gefaßt, unsanft über die Grenze befördert zu werden. Ich sagte daher nichts, als ich meine Schuhe aufklaubte, den einen diesseits, den andern jenseits dieser merkwürdigen Grenze, Port Bou genannt. Ein Zöllner schubste mich von hinten auf Französisch, und ein Zöllner bohrte von vorn seinen Ellbogen auf Spanisch in mich hinein, und ich sagte nichts. Ich dachte, wer viel erreichen will, der muß wenigstens fünfmal umpacken.

Daß ich Barcelona verließ, versteht sich von selbst. Ich verließ es so schnell ich konnte. Das ist Spanien, sagte ich, aber es ist nicht spanisch. Weit und breit war nicht eine einzige Mantilla zu sehen

 und nicht ein einziger Mann, der mit einem andern in tödlichem Streit lag. Ich nahm ein Schiff nach Palma. Endlich war ich abgeschnitten.

Im strömenden Regen (es hat seit Menschengedenken bis zu meiner Ankunft in diesen Orten nicht geregnet), zu Schiff, mit der Bahn, mit dem Bus, zu Fuß fand ich mich in jener kleinen Stadt, die bei den Einheimischen Deyà heißt. Ich ließ mich am Straßenrand nieder und bestellte ein Haus und eine Tasse Tee.

»Tee?« sagte eine Dame, die aus einem Graben hervorkroch, (Deyà besteht nur aus Gräben und Mauern), »Tee? Hier trinkt man keinen Tee, wissen Sie. Die Spanier trauen ihm nicht, und die Katalanen fürchten sich regelrecht davor. Zudem gibt es kein Wasser auf der Insel außer dem, in dem Sie sitzen; und der Wein ist abscheulich!«

»Was trinkt man dann?« schluchzte ich.

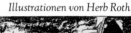
*Illustrationen von Herb Roth*

»Sie trinken«, sagte sie mit einer lustlosen Handbewegung, »Olivenöl. Es ist sehr gut, und wenn Sie genug haben davon, falls es je dazu kommen sollte, können Sie zusehen, wie es gemacht wird, und wenn Sie es gründlich satt haben, können Sie mit einem handlichen Kuchen Olivenölseife Wäsche waschen und morgens…«

Ich hörte nicht zu. Ich mietete das Haus, an dem ich lehnte, ohne die Räume zu zählen. Ich bezahlte dafür mit ein paar von diesen großen schweren Dingern, die *pesetas* heißen. Ein Fünfpesetastück ist unmöglich, zwei sind unglaublich. Nachdem ich das erledigt hatte, zählte ich mein Geld und brach in Tränen aus. Und dann fiel ein Stück Verputz von der Wand.

»Und doch«, sagte ich mir, »bist du nun allein, Lydia, göttlich allein.« Ich hörte zu wie es regnete, auf jedes Dach in der Stadt, so regnet es nämlich auf den Balearen; dann verfingen sich ein krachender Blitz und sein Bruder Donnerschlag zwischen mir und dem Bett. Sie stritten sich mit mir. Zuerst riß mich der Blitz hoch und warf mich gegen den Donner. Dann riß mich der Donner hoch und warf mich gegen den Blitz. Dann riß ich mich zusammen, zog meine unverwüstlichsten Reithosen an, setzte mich hin und schrieb – es ist die erste Handlung derer, die am liebsten allein sind – an alle, die mir einfielen. Natürlich wußte ich, daß es zwecklos war. Die Post von Deyà ist eine Einwegpost. Der Weg des Postboten.

An jenem Abend wurde in der Kirche eine Moralpredigt über mich gehalten. Der Prediger sagte, daß eine Heidin, die Reithosen trägt, unter ihnen sei, und daß die Frauen ihre Augen niederschlagen sollten, bis er, der Prediger, eine Entscheidung darüber fällen würde, was zu geschehen habe.

Ich dachte, ich könnte gleichwohl einen letzten Blick auf den Himmel werfen. In meinem Innenhof waren Olivenbäume und Feigenbäume, das war alles. Du ißt eine Olive, und dann ißt du eine Feige, und dann kriegst du Krämpfe, und dann bringst du dich wieder auf die Beine mit einem Teller Reis, der mit Knoblauch und gewöhnlichen Saubohnen gewürzt ist, und ob es dir schmeckt oder nicht, das ist jedenfalls alles was es gibt. Dann schreibst du noch einen Brief und sagst dir, daß du nirgendwo anders sein möchtest als wo du bist, und daß du Regen und Reis schon immer gemocht hast, mit all den natürlichen Plagen, die die Natur bereithält.

»Ach, wie schön«, sagte ich, »ich bin allein, ganz allein, und der Geist ist alles und wenn man alles hat, kann man verzichten, wirklich verzichten.« Ich sagte: »Unter diesen Katalanen läßt es sich denken, man kann es ihnen am Gesicht ablesen, daß sie keinen einzigen von den Gedanken verwenden werden, die du möglicherweise denkst.« Du weißt, daß sie eine höfliche Rasse sind, weil man dir das eingeredet

*Fischerdorf auf Mallorca;*
*Aufnahme aus den zwanziger Jahren*

hat. Und dann gibt es auch noch die Legende von Valldemosa, die das ihre dazu beiträgt. Sie haben George Sand und Chopin über die ganze Insel gejagt, von Valldemosa bis hinunter ans Meer, alles mit der erlesensten Höflichkeit. Sie haben, unter anderem, die höflichsten Messerstecher, die die Menschheit kennt.

Und dann sind sie eben aus dem Süden, und Süden bedeutet Hitze. Ich weiß es, mich friert, während ich schreibe.

Ziegen gibt es auf Mallorca. Sie stehen auf den Berghängen und lachen dich aus. Schafe gibt es, sie sehen dich an mit dem langsamen melancholischen Blick eines Ertrinkenden, der auf einen andern schaut.

Du entdeckst sehr bald, daß die Läden »anders« sind. Du bist drin gewesen, in allen, auf der Suche nach Nahrung. Alle haben genau dieselbe Auswahl. Säcke voll von etwas, das wir in Amerika Viehfutter

*Landstraße auf Mallorca; zeitgenössische Fotographie*

nennen würden. Du gehst muhend hinaus. Wie du ins Licht trittst, siehst du ein Gesicht, ein menschliches, angelsächsisches Gesicht, voll göttlicher Tücke, Niedertracht und Schläue. Ein Gesichtsausdruck, mit dem du aufgezogen wurdest und dem du zu vertrauen gelernt hast. Du fällst ihm um den Hals. »Was machen Sie denn hier?« fragst du, und der Dôme-Bewohner, denn um einen solchen handelt es sich, entgegnet: »Ich kam, um allein zu sein, um der Einsamkeit willen.«

Mit wildem dämonischem Auflachen sagst du zu ihm, daß er deine haben kann, ganz und gar, in deinem Haus und drum herum. Aber da kommt noch ein Dôme-Bewohner hinter einem Felsen hervor. »Was, ihr sucht beide einen Zufluchtsort vor der Menschheit! Nehmt euch meinen, reißt ihn in Stücke, trampelt darauf herum, stampft ihn in den

*Originalillustration von Herb Roth*

Boden, bringt ihn um, und wenn ihr etwas weniger Sibirisches daraus gemacht habt, wenn, mit anderen Worten, ein Dôme in Deyà errichtet ist, dann will ich wiederkommen. Bis dahin *viva el rey!*« Damit eilst du zurück, packst deinen abgenutzten Lacklederkoffer, schlenkerst das Olivenöl von den Füßen und nimmst das nächste abgehende Boot.

Du sitzt an Deck und siehst zu, wie die »Glücklichen Inseln« in der Ferne verblassen. Die Brise trägt dir das letzte Gelächter der Bergziegen zu. Du greifst nach deinem Adreßbuch und der Aufenthaltsgenehmigung. Du bist auf dem Weg zurück nach Paris und ins Gefängnis. Du bist unbändig froh. Bald wirst du dich verloren haben in der Zerstreutheit und der gänzlichen Einsamkeit der Boulevard Cafés. In der Eremitage von Montmartre.

∾

# Ein
## Denkzettel für Afrika

Ich habe immer wieder das Pech gehabt, mit Herren zusammenzutreffen, die ich irgendwann, in dunkler Vergangenheit, kennengelernt hatte, als schlechthin mustergültige Väter oder als Mitglieder eines der steinreichen Clubs, die mit ihrem Leben, hinsichtlich der Verteilung von Hitze und Kälte in den Staaten, sommers wie winters, zufrieden schienen, die sich jedoch Anfang Vierzig in den Kopf gesetzt haben, nach Afrika zu gehen. Niemand wird je wissen warum, es sei denn, daß vielleicht eines freudlosen Morgens die Dusche nur zweierlei kaltes Wasser hergab, worauf sie pfeilgerade aus der Badewanne schossen, mit dem lautstarken Wunsch nach Hitze, Banyanbäumen und Sonne.

Nun hat Afrika für mich nie etwas anderes bedeutet als Tsetsefliegen, Reptilien, Fleischfresser und Köpfe, die irgendjemandes Mutter abgeschnitten wurden. Ein oder zweimal hatte ich wohl auf meinem Weg zur Reife meinen Vater gefragt, wie es jetzt in Afrika zugeht, und er pflegte zu antworten: »Ach schlimmer, viel schlimmer denn je zuvor! Aber diesmal sind die unzähligen Bäume gänzlich demoralisiert von den noch unzähligeren Schlingpflanzen, und die noch unzähligeren Schlingpflanzen sind von Wespen befallen, und die Wespen werden zum Wahnsinn getrieben durch die Fliegen, und die Fiegen brummen tagaus tagein um die Tiger und die Tiger jammern des nachts über die Fliegen, etc., etc.!«

Als daher Poldi, ein sonst absolut respektabler Bursche, hier in Paris bei mir vorsprach und, noch eh er Hut und Stock dem Butler übergeben hatte, kundtat, daß er nach Afrika gehe, zuckte ich schier zusammen, so gelassen und unerschütterlich war sein Entschluß.

»Warum«, erkundigte ich mich, »solltest du so jung sterben? Denk an die Tsetsefliegen, an die unzähligen Bäume, die noch unzähligeren Schlingpflanzen, die schnaubenden Tiger, die kriechenden Fliegen und die Köpfe der Mütter!«

»Wovon redest du eigentlich?« entgegnete er verdrossen. »Ich gehe nach Afrika allein wegen der Sonne, des Lichts, der Hitze, der Farbe, der Ruhe.«
»Wessen?«
»Meiner«, sagte er.

Und da ergriff mich ein großes Verlangen. »Ich gehe mit«, sagte ich. »Die Pflicht ruft. Ich habe eine Mission. Ich habe nie zuvor darüber nachgedacht. Afrika soll nicht länger machen was es will; es soll einen Denkzettel bekommen!«

So kam es, daß ich mich – einen Kanthaken in der einen Hand und ein sieben Meter langes Manilahanfseil in der andern – den Boden von Algier betreten sah.

»Dies hier«, murmelte ich, »kann der Ort nicht sein.«

»Was wünschen Sie«, sagte ein Araber beflissen, in recht gutem Englisch, »hier habe ich die Perlen der Ururhalskette, drei herausgeschlagene Rubine aus dem Auge der Göttin des Unheils, anderthalb Meter Fetzen vom Reifrock der verstorbenen Königin Victoria, einen Pantoffel von Präsident Garfields rechtem Fuß, die Brustspange der Salomé, die nämliche, die sie der Wahrheit zuliebe gelöst hatte in ihrem Tanz der Sieben Schleier, das letzte Krümelchen Antimonpulver aus Pharao Tutt-Tutts Riechdöschen und dazu einen Gebetsteppich, leicht abgeschabt von den Beterknien heiliger Kamele und das Wort, das George Washington nicht aussprach, als der Kahn umkippte, eingesperrt in ein Lackkästchen mit Lärchenholzintarsien.«

»Und wenn Sie«, setzte er traurig hinzu, »nichts von alledem wollen, sehr billig, hier habe ich einen Teppich, der, wenn Sie ihn auf Ihrem erlauchten Wohnzimmerboden ausbreiteten, Ihre übrige Einrichtung – verzeihen Sie meinen Freimut – wie einen Schlag ins Gesicht wirken ließe.«

Aber ich wollte nicht hören. »Hinweg, Höllensohn«, sagte ich. »Geh zu Allah.«

Er ging.

Ich wollte weitersuchen. War da etwa nicht ganz Tunis, Tebessa, Kairuan, Tizi Ouzou, Timgad? Gewiß. Und allesamt brodelnd von Souks und von Ramadan (währenddessen ein Einheimischer, wie man mir erzählte, im Banne eben dieses Giftes, weder sich rasieren noch schlucken, geschweige eine anständige Antwort geben will.)

43  *Folgende Doppelseite:*
*Moschee in Algier*

Ich wollte nach Sousse gehen. In Sousse mußte es ein Gestrüpp aus Verderbnis und Heckenzäune aus Korruption geben, gegen die es vorzugehen galt. Ich stieg aus in Sousse. Aus dem tödlichen Gewirr eines zehn Fuß hohen Kaktus schrie ein einheimisches Bürschchen, Schuhkasten und Bürsten neben sich, in den höchsten Tönen »Schuhputzen! Schuhputzen!« Ich stieg wieder in den Zug, der mit einer Stundengeschwindigkeit von einer halben Meile in Richtung Tunis eilte.

Wo war hier die Natur? Mir gegenüber war das Grand Hotel Ultra Apex, das Palace de Ultra Luxe, das Casino. »Nein, weiter«, sagte ich, und als nächstes war Biskra dran, weit draußen, zur Wüste hin.

»Wenn«, sagte eine Stimme neben mir, als ich aus dem Zug stieg, die Stimme eines Einheimischen in Turban und Burnus, »wenn es Sie danach verlangt, die Wüste zu sehen – und wer kann so weit herkommen und sie nicht sehen – wenn Sie, wie gesagt, die Wüste zu sehen wünschen, wie man sie sehen sollte und nicht aus dem Fenster eines dieser modernen und daher vulgären Automobile oder Ausflugswagen, wie man sie, glaube ich, nennt – sondern wie sie seit unvordenklichen Zeiten mit dem Auge des Beduinen gesehen wurde, Ouled Nails, die Stämme, die fortziehen, und die Stämme die wiederkehren (was ihnen, wenn ich Sie unterrichten darf, diese wundervolle Schwenkung der Hüften verleiht), dann steht mein Kamel zu Ihrer Verfügung. Es ist gewöhnt, neugierige Damen zu tragen, es scheut nie, sondern nimmt sie mit gemächlichem, gleichmäßigem und leicht gedämpftem Stolz hinaus, hinaus zur Mitte jener unermeßlich weiten Fläche Sand, die seit zahllosen Äonen immer Sand gewesen ist.

Selbstverständlich geht mitunter die Nahrung aus, in welchem Falle man den ganzen Tag lang absolut nichts machen kann als sterben und sterben und sterben, man nennt es das »Mañanaverhalten« – oh bitte sehr, wenn Sie kein Interesse haben an den Wundern der Natur – «

Ich brach in Tränen aus: »Gehn Sie«, sagte ich, »gehn Sie zu Allah.«

»Wie Sie wünschen«, gab er zur Antwort und fiel aufs Knie, wobei aus irgendeiner perfiden Falte seiner Kleider Schuhwichse und Bürsten zum Vorschein kamen. »Aber Schuhputzen, Schuhputzen, zuvor noch Schuhputzen!«

Ich verließ Biskra.

Ich wollte nach Constantine gehen. Hier, so erfuhr ich, trafen sich die wüstesten Räuber aus den grausamsten Stämmen, die ihr Kriegsgeschrei anstimmten und Krummsäbel trugen, Yamswurzeln oder die Hüftknochen von Tarzan und das dicke Ende von Klapperschlangen oder was es sonst ist, womit sie morden.

»Wenn Sie hungrig sind«, sagte eine leise Stimme in meinem Rücken – mir sträubten sich die Haare längs des ganzen Schienbeins – »dann können Sie in meinem Warenhaus die erlesensten Delikatessen finden, Couscous mit oder ohne Pfeffer; Fischsuppe mit oder ohne Pfeffer; Schinken und Rührei mit oder ohne Pfeffer; Hammelkeulen mit oder ohne – mittlerweile werden Sie eine Ahnung haben, wie der Kehrreim lautet, also brauche ich ihn nicht zu wiederholen. Butter und Speck mit oder ohne, hermetisch verlötet in extra englischen Dosen; Gemüse mit oder ohne; und als Appetitanreger wird ein Feuerfresser, Schwertschlucker, Skorpionstichler und Derwischtänzer, alles in einer Person, für Sie auftreten; indes Sie, wenn es Ihnen Spaß macht, alle übrigen Stecknadeln, die Sie bei sich haben, in ihn hineinspießen können, er ist daran gewöhnt, ja eigentlich ist es ihm recht angenehm. Dann wird einer aus dem Stamme Ben Ali Ben Hamneds für Sie ins Grab steigen, dreißig Tage lang. Sie können mit ihm gehen, wenn es Sie danach gelüstet. Sie werden einen ganz außerordentlichen und bleibenden Eindruck von den Entbehrungen davontragen.«

»Was ist das für ein Geschäft, das Sie haben?«

»Der Gemischtwarenladen von Constantine«, gab er zur Antwort. »Wir verkaufen auch Pflaumen, wenn Sie die lieber mögen.«

Lautlos tauchte ein anderer Araber neben ihm auf. »Mein Name«, sagte er mit der verträumten Stimme derer, die sich in ausschweifenden Klagen über läßliche Sünden ergehen, »ist Abu Ben Anim, und ich habe viele Sonnen aufgehen sehen. Ich bin weitaus weiser und älter als dieser Schurke; auch bin ich nicht so abscheulich anzusehen, und ich habe auch nicht so viel Meter gottloser Lumpen um mein Gerippe. Ich bin also viermal mehr Ihrer Aufmerksamkeit wert, denn ich habe zehnmal mehr Eltern als er. Er ist aus einer niederen Kaste, Sie können es der ungeschickten Tätowierung auf seinem Stirnbein entnehmen, die in Arabisch das Winseln eines Hundes darstellt; wohingegen Sie sehen werden, wenn Sie diese wundervolle Prägung auf meiner Stirn betrachten, daß sie in Englisch – einer sehr einfachen, für Touristen erfundenen Sprache – ›Ein Vogel in der Hand‹ oder ›Gib, so wird dir gegeben‹ darstellt. Wenn Sie also, wie ich vermute, diese große, diese wohltätige Gerechtigkeit besitzen, die nicht schachern will in einem vulgären Tauschgeschäft, die es stattdessen vorzieht, nichts zu empfangen, absolut nichts, dann ist hier die einzige reine, unbefleckte Hand in ganz Afrika, die Ihre Tasche erleichtern, Ihre Seele erheben wird – «

Muß ich noch sagen, daß in diesem Augenblick schwarze Schuhwichse? aber nicht doch! Es genügt, daß ich mich hinsichtlich Afrikas geirrt habe – ganz und gar, aufs erfreulichste.

*Wieso* geht man bloß fort aus Paris?

# Über die
## Heimkehr aus der Fremde

Im Leben eines jeden Amerikaners kommt der Augenblick, da er zurückkehren muß in das Land seiner Geburt. Denn obgleich Baden-Baden, Karlsbad, Paris und Venedig ihren trägen, aber verfänglichen Charme besitzen, der in der Seele wimmert mit derselben Ausdauer, die von alters her dem Mungo zugeschrieben wird, der sich in die Nackenwirbel der Kobra krallt, so liegt doch in der menschlichen Natur – ganz gleich, ob dieser Mensch ein kremelmüder Kosack ist oder ein Bretone, der den Stint satt hat, oder ein an Gulasch überfressener Ungar – etwas, das nach der großen, grandiosen Mutter ruft, bekannt als das liebe, alte New York.

Europas Kultur mag lange an uns zehren, aber nicht für immer, zumindest nicht ohne gelegentliche Unterbrechung. Was ist das veritable Lächeln der Mona Lisa, wenn es nicht – und zwar so oft wie möglich – verglichen wird mit Chaplins Grinsen? Wie sollen uns die Gebeine der Toten rühren, wenn wir uns nicht eine Saison lang am Steptanz ergötzen?

So kam es, daß ich im trostlosen Regen auf dem Achterdeck stand (was für ein Deck das auch sein mag), ein Stundenglas am Auge und eine Brioche in der Tasche, mit einem Mal geschwellt von einem Anfall jenes süßen Wahns, der sich Heimkehrerstolz nennt, denn dort, vor mir, dräute der ehrwürdige, übermächtige Koloß der Freiheitsstatue.

Als ich von der Landungsbrücke trat, brach ich in Tränen aus. Der bloße Geruch meines Heimatlan-

*Der New Yorker Hafen; Zeichnung von Jules Pascin*

des war so anders. Der Abfall auf den Straßen und im Rinnstein sprach von einer größeren, besseren Zeit. Zigarettenstummel werden überall in der Welt aus den Fenstern geschleudert, genau wie die Zeitungen von gestern und die Haarnadeln vom vorigen Jahr, aber kann irgend ein Land auf Erden einen Stummel vorweisen, der von so hoch oben wie, sagen wir, von dem Dach des Woolworthgebäudes gefallen ist? Es kann nicht.

Sogar der fettige Ruß, der einem die Nase zu einem Kunstgegenstand macht, der sich von beiden Augen her betrachten läßt, ist ein Ruß von größerer Dichte als irgendeiner in einem anderen Land.

Das war meine Stadt, sie schrie mich an, wie von einem Schrecken in den andern. Paris hatte bloß geschnurrt wie eine Katze, die nicht meine Katze war.

Ich war lang, allzu lang fortgewesen von zuhaus! Ich lechzte nach einem Soda, nach einem Telefon. Dieses »die Nummer bitte« wiederzuhören und mich sicher fühlen, denn in Paris sagen sie immer

»ich höre«, was mir immer so peinlich ist, als stünde
mein guter Ruf auf dem Spiel.

Ich wünschte mir einen Hotdog, eine Tasse ech-
ten Kaffee, ich wünschte mir Pfannkuchen mit
Ahornsirup, und mehr als alles wünschte ich mir,
umgeworfen zu werden auf die liebevolle, demokra-
tische Art, wie sie üblich ist, wenn die Bronx versucht zur Battery zu gehen, und wenn die Battery
versucht zur Bronx zu gehen, und du willst selbst-
süchtigerweise nichts als dabei heilbleiben.

Dann wollte ich New Jersey besuchen, denn in
einer kleinen aber blühenden Stadt weilen all mein
Sein, meine Familie und meine Galoschen. Ich nahm
den Zug, ich lehnte mich in dem bequemen, roten
Plüschsitz zurück. Allzu lang war ich in ausländi-
schen Coupés eingepfercht gewesen. Ich schloß die
Augen. Presto! Es mußte sein. Es war. Derselbe Bon-
bon- und Zeitschriftenverkäufer, der die Pendler seit
zwanzig Jahren mit Gewalt davon überzeugt hatte,
daß seine Pfefferminzen die wirksamsten wären,
seine Zeitungen die begehrtesten und seine Schoko-
ladenriegel von der Schweizer Milch so saftig, daß
sie schier muhten.

Als ich die Staaten verließ, funktionierte das
Radio mehr schlecht als recht; nur die Ohren von
Multimillionären und von Kindern, die an Zinn-
büchsen herumbastelten (die beiden Klassen, die es
sich leisten können zu spekulieren), hatten durch
seine berieselnde Eloquenz geistigen Schaden
genommen. Nun hätte ich um ein Haar doch nicht
den Salon dessen betreten, was ein stilles oder wenn
nicht ein stilles, so doch wenigstens ein Zuhause
gewesen war, das sich in seinen lautstarken Momen-
ten den Wonnen jener Beschimpfungen hingab, die

53              *Folgende Doppelseite:*
                *Blick über Manhattan;*
                *um 1925*

in spontaner Herrlichkeit auf der Zunge eines Kindes erblühen, das zur gegebenen Zeit eine totale Niederlage für seine Mutter darstellen wird. Jetzt schepperte aus diesem Gerät mit blecherner Schärfe die Ansage, daß Tilly Tonenaff, die stolze Kontraaltistin aus New Bedford, ein Potpourri beliebter Volksweisen aus alter Zeit vortragen, und daß sie beginnen wird mit »Any Way the Wind Blows«.

Da saß meine Familie, gebadet in der anrollenden Welle der Zivilisation; denn wenn eine Platitüde in acht Minuten den Erdball umkreisen kann, was ist sie sonst?

»Mutter«, sagte ich, »ich bin von weither gekommen, um dir von etwas Wunderbarem zu erzählen. Nicht umsonst bin ich in Europa gereist, bin auf den Thronsesseln von Kaisern gesessen, habe meine Initialen in den Louvre eingekratzt, die von der Zeit gestumpften Schneiden der Guillotinen ausprobiert, habe gegessen, wo Shakespeare aß, und mehr noch, geschlafen wo Napoleon schlief, bin gewandert, wo Keats gewandert ist. Nein, nicht umsonst habe ich der Vergangenheit die Hand geschüttelt und mit der anderen Hand große Zacken aus den Zeugen der Vergangenheit gebrochen, als Andenken. Ich bin zurückgekehrt, strahlend vor Heimweh und Weisheit. Du mußt mit mir kommen! Allan muß mit mir kommen! Parker und Dalilah und Mary müssen mit mir kommen, und nehmt den Küchenbesen und das Bügeleisen mit, aber ihr müßt kommen!

»Wohin denn und wozu?« sagte meine Mutter.

»Wohin«, echote ich; an jeden beliebigen Ort, der weit genug entfernt ist von zuhaus, damit dir aufgeht, was ein Zuhause ist. Jeder Ort an diesem

wilden Atlantik, der dich lehrt, was für einen großartigen und glorreichen Ort du verlassen hast!«
Sie zögerte.

»Also, Mutter«, sagte ich, »wenn du schon
nicht mit mir kommen willst, gibt es dann nicht ein
Wort aus New Jersey, das ich rund um die Welt
schicken kann, – das sogar eine reiche Nobelwitwe
im fernen Honolulu bedauern läßt, daß sie nicht in
den Sümpfen von Newark geboren ist, gewiegt auf
den raunenden Wellen von Asbury Park, würdig
gemacht des Mannes und seiner hohen Ziele durch
das Vorbild der eleganten Gesellschaft von Mont-
clair?«

»Ja«, sagte meine Mutter, »sag ihr, daß die
jüngere Generation vor die Hunde gegangen ist – es
ist freilich ein größerer und besserer Hund – «

Ich sprang aus dem Sessel auf. Ich griff nach dem
Telefon. Ich rief die amerikanische Rundfunkgesell-
schaft an, und in weniger als neununddreißig Minuten waren Wellenlängen, die diese Botschaft trugen,
um den Erdball gesaust.

»Nun adieu«, sagte ich zu meiner Mutter. Ich muß
zu Gotham* eilen, um auch dort ein Wort zu erha-
schen und es nach dem alten verschlafenen Konti-
nent zu senden. Es kann noch nicht das letzte Wort
gesprochen sein.«

---

\* Gotham Book Mart ist eine Buchhandlung in der 47. Straße, in
   der Intellektuelle und Schriftsteller ihre Nahrung finden,
   getreu dem Motto auf dem Türschild: »Wise men fish here«.
   D.B. ging hier ein und aus.

Als ich an der Ecke der 42. Straße stand (ich war zufuß gegangen, denn jetzt brauchen die Busse bis zu zehn Minuten für um den Block), parkte ich mich in der Nähe eines Zeitungsstands, und mit dem verstohlenen Blick, den ich an den Kiosken von Paris gelernt hatte, begann ich die Schlagzeilen der Boulevardzeitungen zu lesen. Ich sagte mir, hier werde ich die Botschaft finden!

»Liebes – – – Nester – – – «

Nein, das konnte die Botschaft nicht sein, auf die Europa wartete, so bemerkenswert der Gegenstand auch war. Das konnte nicht das Ende aller Erfindung sein. Es mußte noch einen größeren Fortschritt geben, von dem sich berichten ließ – – –

»Mörder – – – Mordet – – – «

Nein. So überzeugend der Gegenstand auch war, die Seele dieser großen Metropole legte er gewiß nicht frei!

Was ist, sagte ich mir, dieses phantastische Etwas, diese unglaubliche Schönheit, diese Herrlichkeit, die das menschliche Vorstellungsvermögen übersteigt, dieser Glanz, der alljährlich zehntausende von Amerikanern in alle Kurorte der Welt treibt, auf daß sie sich von ihm erholen? Wo, ach wo, ist dieses Geheimnis?

»Weitergehen!« sagte ein Schutzmann. »Sie stehen seit fünf Minuten auf demselben Fleck. Parken verboten diesseits von Spuyten Duyvil. Weitergehen. Machen Sie Platz für die andern.«

Ich fiel ihm um den Hals, ich küßte ihn auf beide Wangen (in sechs Jahren wird man ein wenig ausländisch), »Sagt mir«, rief ich, »o Sahib, (auch ich hatte ›Der Garten Allahs‹ gelesen, es ist das einzige Buch in Englisch jenseits des großen Teichs), enthüllt mir dieses machtvolle Geheimnis, Ihr, als Hüter des Gesetzes, Ihr als ein Mann, der auf und nieder schreitet, müßt Wind davon bekommen haben. Ihr müßt es mir sagen können, der ich ein Wanderer bin, zurückgekehrt in seine Heimat – – «

»Weitergehen«, sagte er, »für die was von hinten nachrücken, für die was hinter ihnen sind, für die, die von noch weiter hinten kommen – – – Welt ohne Ende – – – «

»Wer hat denn mit diesem Geschiebe angefangen?« fragte ich.

»Also«, sagte er und wirbelte sein Stöckchen herum, »wissen Sie, einmal, vor langer Zeit, hat eine Insel im Meer, Großbritannien genannt, ein Grüppchen Andersdenkende abgeschoben, und – – – «

*Originalillustration
von Alice Harvey*

*Djuna Barnes; um 1930*

Inge von Weidenbaum

## Nachwort

Eine Legende sein ist leichter als in der Praxis zu leben, was für ihre Entstehung nötig ist«, schreibt Djuna Barnes 1940 aus New York an Emily Coleman, genau zwanzig Jahre nach ihrer ersten Ankunft in Paris.

Sie hat der Stadt zu Beginn und nach dem Ende dieser dramatischen Zeitspanne je einen Essay gewidmet, *Klagelied auf das linke Ufer* heißt der zweite, *Vagaries Malicieuses* der erste, in dem sie – gewiß unbeabsichtigt – selbst den Grund legt zu der Legende von »Djuna Barnes, der leidenschaftlichen Reisenden«.

Denn es ist keine romantische Sehnsucht nach dem Exotischen, kein Fernweh nach fremden Ländern, was Djuna Barnes nach Europa treibt und auch kein Heimweh nach *America, home sweet home*, wenn sie in den zwanziger Jahren immer wieder nach New York zurückkehrt. Sie ist eine Frau, die hauptsächlich von Berufs wegen reist, als free lance Autorin für die Zeitschriften *McCall's*, *Vanity Fair*, *Charm* und *New Yorker*. Es ist zumeist in deren Auftrag, wenn wir sie in Berlin, Freiburg i. Br., in Rom, Barcelona, Wien, Budapest oder München antreffen. »Ich glaube, ich war die erste Amerikanerin, die nach Europa geschickt wurde zu dem Zweck, Mr. Gurdjeff, seine Tänzer und seine Anhänger im Wald von Fontainebleau zu interviewen«, erinnert sich Djuna Barnes in einem Brief an Allan Tate im Juni 1946.

Nur die Aufenthalte in der Provence, in Cagnes-sur-Mer, Cassis, in Samois, auf Mallorca oder später in Tanger, fallen zusammen mit Zeiten der Stille, in denen sie an ihren Büchern, *A Book*, *Ladies Almanack*, *Ryder* und *Nightwood* arbeitet. Auch das Drama in 3 Akten *Biographie der Julie von Bartmann* entsteht 1923/24 in Cagnes-sur-Mer.

Und wer sind die Leute, mit denen Djuna Barnes in Paris umgeht, wenn sie nicht als Lydia Steptoe mit Igor Strawinskij, Jacques Copeau und Jules Pascin im Café du Dôme sitzt und ihre Flucht in die Einsamkeit der Balearischen Inseln plant? Die Zahl ist beinah unabsehbar, die Namen unterdessen alle bekannt. Mina Loy und ihre Töchter Joella und Fabi, Marcel Duchamp, Berenice Abbott, Man Ray, Elsa von Freytag-Loringhoven, die sie alle von New

*Jules Pascin (rechts) läßt sich vor dem Café Dôme zeichnen*

York her kennt, Thelma Wood, mit der sie zehn Jahre eine unglückliche Liebe verbindet, James Joyce und seine Frau Nora, Charles Henry Ford, Janet Flanner, Gertrude Stein, Nathalie Clifford Barney...

*Thelma Wood; um 1920*

*James Joyce; Aufnahme aus den zwanziger Jahren*

Es ist oftmals die Rede von Djuna Barnes' »Außenseiterposition« gegenüber den im Überfluß lebenden *ladies of leisure*, Barney, Stein, Guggenheim und den Cliquen, die jede um sich sammelte. Tatsächlich ist Djuna Barnes die einzige, die für ihren Lebensunterhalt – und nicht nur den ihren[1] – schreiben muß. Gertrude Stein brüstet sich, sie »schreibe nur drei oder vier Zeilen pro Tag – aber jeden Tag« – sie findet, das sei genug. Die Multimillionärin und Salonnière Nathalie Barney liebt es, von ihren literarischen Hervorbringungen als »Zufallsfunden beim Kramen in den Schubladen« zu sprechen, aphoristische Selbstgefälligkeiten wie »Für mich war die Indiskretion stets ein Privileg des Taktes« oder »Das Schlimmste an den Emporkömmlingen ist, daß sie emporkommen«. Der sechzehn Jahre jüngeren Djuna Barnes sagt sie eine »*extraordinaire capacité à saisir des milieux qu'elle avait toutes les raisons d'ignorer*« nach – Milieus zu erfassen, die ihr aus guten Gründen hätten unbekannt sein sollen. Eine herablassende Anerkennung, in der ein kaum verhüllter Stachel sitzt. Djuna Barnes' Auftreten, ihre Begabung, ihre Schönheit, wird

*Djuna Barnes und Nathalie Barney
in Nizza, um 1928*

von mehr als einer dieser Damen als Herausforderung empfunden.[2]

»*Djuna was a very haughty lady*«, was soviel heißt wie sie hatte etwas dagegen, von der Seite angeduzt zu werden. Ihre freundschaftliche Hochachtung für James Joyce kam nicht allein aus der Bewunderung seines Werkes. Sie galt gleichermaßen dem Decorum, der Zurückhaltung, seiner *ancient dignity*.

Und die amerikanischen Touristen, denen sie ihre sarkastische »Französische Etikette für Ausländer« widmet? Manche kennt sie von ihrer eigenen ersten Überfahrt auf einem *one class boat – to those without discrimination* – einem Einklassenboot für Leute, die sich Diskriminierung nicht leisten können. Den anderen, die bei Lanvin, Patou und Madame Jenny in den Modekollektionen wühlen und in Monte Carlo ihr Vermögen riskieren, begegnet sie in den Antikensammlungen des Louvre, im Theater, in den Cafés.

Sie liebt diese Gelegenheitstouristen nicht, die so »sprunghaft« sind, daß ihre Verdauung länger dauert als ihre Erinnerung[3]; die sich einbilden, sie wüßten etwas über Afrika und wissen doch in Wahrheit nicht, daß der Tiger in China und Sibirien, auf Bali und im Iran, aber nicht in Afrika heimisch ist; für die das Trinken bis zum Besäufnis als schicker Gesetzesbruch gegenüber der Prohibition im eigenen Lande gilt. Und doch, wer will, kann hinter der spöttischen Eleganz der »Etikette«, der »Indiskretion«, des »Denkzettels« Djuna Barnes' Erinnerung an ihre eigene Unwissenheit beim Betreten der Alten Welt heraushören, sie nannte es *lack of knowledge of the ground of the world*.[4]

*In den Zelten 20:*
*Das Berliner Eckhaus, in dem Djuna Barnes wohnte*

In den Jahren 1921/22 lebt Djuna Barnes eine zeitlang im Zentrum von Berlin, In den Zelten, Nummer 20. Sie wußte, was es mit der Stadt auf sich hat, als sie ihre Heroine Elvira van Winkel – *Die Frau, die auf Reisen geht, um zu vergessen* – Unter den Linden schmachten läßt, in den Armen von Baron Schildkraut, dem Sohn des Oberkellners. Denn nachts Unter den Linden konnte man nicht unterscheiden, ob es ein Mann war oder eine Frau oder ein Mann in Frauenkleidern, mit dem man sich einließ. Es waren junge Leute, intelligent, mit vorzüglichen Manieren, die alles machten, vom Rauschgifthandel zur Prostitution, sie mußten anschaffen, für sich, für ihre verwitweten Mütter und die hungrigen jüngeren Geschwister. Ein Laib Brot kostete damals in Berlin hunderttausend Reichsmark, gleich darauf eine Million und schließlich eine Milliarde. Djuna Barnes überzieht den Schrecken mit funkelnden Trivialitäten, *glissons, glissons*, und als sie Berlin verläßt, ist es, um in Freiburg i. Br. Material für einen Artikel über den Dämmerschlaf zu sammeln. Ob das Material je ausgewertet und veröffentlicht wurde, ist uns nicht bekannt. Wir wissen nur von einem anderen Auftrag, der gewissermaßen durch höhere Gewalt verhindert wurde. Ein Interview mit Adolf Hitler in München: »*The interview failed, he wanted ten dollars a word* – das Interview kam nicht zustande, er wollte zehn Dollar pro Wort.«

Und was hat Djuna Barnes nach Mallorca gelockt?

In Rom, im Mai 1925, als sie dort eine Hofdame der Königin und Luigi Pirandello interviewt, hat ihr jemand von den Glücklichen Inseln erzählt, Mallorca, »*supposed to be divine in the winter & very inexpensive* – soll göttlich sein im Winter und sehr billig«. Ein halbes Jahr später, in Paris, wirft sie eine Münze: »*I flipped a coin and twice it said Italy*«[5]. Aus Widerspruchsgeist entschließt sie sich für die Glücklichen Inseln, zusammen mit Thelma Wood, trotz ihrer »*private terrors*« – ihrer heimlichen Ängste vor der Expedition.

Wie sie auf Mallorca gelebt hat, nachdem sie hinter Port Bou spanischen Boden betritt – jener Grenzstation, an der fünfzehn Jahre später Walter Benjamin sich töten wird – entnehmen wir einem Brief an Nathalie Barney vom 7. November 1925. Djuna Barnes schreibt unter der Adresse Som Banza, Deyá de Mallorca, Isles Baleares, »… Ich habe ein Haus gefunden, viel zu groß, das muß ich zugeben, zu einem sehr günstigen Preis, hier in Deyá, ein bezaubernder Ort in den Bergen – die Luft tut das ihre, daß ich Samois vergesse – das Wetter ist meistens schön – Ausblick aufs Meer von meinem

*Windmühlen auf Mallorca*

Balkon – und Oliven, die wie Regen fallen. Die Überfahrt war unangenehm – sehr lang – Barcelona – aber hier ist es friedlich... Trotzdem erfährt man zu spät, daß diese Gegend im Winter von flutartigen Regenfällen heimgesucht wird – wahrhaft schauerlichen Gewitterstürmen... Meine Nerven sind dem Blitz nicht gewachsen, wenn er sich zwischen den Bergen verfängt und nicht weiß, wie er entkommen soll...«

Djuna Barnes arbeitet an ihrem Roman *Ryder* und fürchtet sich vor Blitz und Donner. In der parodistischen Selbstinszenierung von Lydia Steptoe ist das Eingeständnis der Furcht nicht vorgesehen.

Die Reisen nach Amerika in den zwanziger Jahren sind für Djuna Barnes jedesmal ein Schock. Nicht etwa wegen des menschenverachtenden Schmutzes, der sich in den Canyons der New Yorker Häuserschluchten sammelt, auch nicht allein wegen ihrer unerträglichen Familie – der Mutter und den Brüdern in East Orange, New Jersey, deren kleinlicher Denkungsart sie in *Heimkehr aus der Fremde* ein ironisches Denkmal setzt. Es ist vor allem die Mixtur von puritanischer Heuchelei und brutalem Materialismus, die auch die Verlage und Theater nicht verschont. So, daß *Ryder* in Text und Illustration zensiert, *Ladies Almanack* beschlagnahmt und das Drama *Biographie der Julie von Bartmann* als »sadistisch« abgelehnt wird.

»Paris ist die einzige Stadt der Welt, die ich kenne, außer vielleicht Gegenden in Afrika, wo man leben kann, wenn man weder Freunde noch eine Liebe hat«, schreibt Djuna Barnes 1939 aus London an Emily Coleman.

Ob sie alle ihre Stationen aus *Ein Denkzettel für Afrika* in diese Gegenden einbezieht, dürfen wir bezweifeln. Aber als längere Station gewiß ist das marokkanische Tanger, wo Djuna Barnes 1933 mit Charles Henry Ford zusammentrifft und Kairuan, die Stadt der ausgezackten Mauern, von wo die großen Karawanen ausziehen gegen den in flüchtigen Luftspiegelungen flimmernden Horizont.

Es ist »die offene Gastlichkeit der Straße«, die diese Orte mit Paris gemeinsam haben, jene Gastlichkeit, die Djuna Barnes in ihrem *Klagelied auf das linke Ufer* rühmen wird: »Und dies ist das wirkliche Geheimnis, das Geheimnis dieses großen und gefallenen Landes: die offene Gastlichkeit der Straße. Vier Wände erzeugen Streit, eine Tragödie; die Straße macht daraus nur einen momentanen Verdruß. Hier kannst du kommen und gehen. Wenn du Freunde triffst, und ihr seid euch nicht einig, zahlst du deine Rechnung und gehst; wenn du dich mit ihnen verträgst, reicht das aus für jede Art von Harmonie. In einem Café kannst du den ausgefransten Ärmel der Zeit nachstricken oder verbittert sein, ganz wie du magst, du hast es dir alleine zuzuschreiben. Kein Haus kann diesen Anspruch erheben. Das Haus hält die Bitternis fest, die Straße nicht.«[6]

Aber das ist ein Vorgriff um mehr als ein Jahrzehnt, in die Zeit der erzwungenen Rückkehr nach New York.

Solange Djuna Barnes und Lydia Steptoe auf Reisen gehen, gehört die elegante, parodistische Pose zu ihrem *esprit de conduite*: als hochmütige Ladies, erfahren in continental chic und Old World sophistication.

# Anmerkungen

1. Djuna Barnes' Mutter, Elisabeth Chappel Barnes, schreibt im Juni 1924 an ihre Schwester Sue in London: »Ich glaube, Djuna ist am glücklichsten, wenn sie etwas macht, was sie um ihr ganzes Geld bringt. Sie selbst haßt Wohltätigkeit, aber sie übt sie für ihr Leben gern.« Und im Dezember 1924: »Mr. Barnes schreit jetzt um Hilfe bei meinen Jungen und ich möchte wetten, daß er auch Djuna um Hilfe angegangen hat – von uns werden sie [der Vater Wald Barnes und seine zweite Frau Fanny Faulkner] nicht viel kriegen. Die liebe Djuna wird außer sich sein über ihren Zustand. Sie ist so ein Schätzchen, wenn's um ihre nächste Verwandtschaft geht.«
   Was nie gesagt wird, obwohl die Barnessche Familien-Korrespondenz im Nachlaß zur Einsicht offenliegt, ist, daß Djuna Barnes noch in New York und später, in den zwanziger Jahren, von Paris aus, den verhaßten Vater vor dem Verelenden bewahrt hat.
2. In den Erinnerungen von Man Ray lesen wir: »Zwei gutaussehende Schriftstellerinnen, Mina Loy und Djuna Barnes kamen in mein Studio, die eine in lichtem Hellbraun nach eigenem Design, die andere ganz in Schwarz, mit einem Schleier. Sie waren überwältigend elegante Erscheinungen, ich habe sie zusammen fotografiert, und der Kontrast ergab ein schönes Bild.« Man Ray, Self Portrait, Little & Brown, Boston 1963, S. 98

*Mina Loy und Djuna Barnes, fotographiert von Man Ray*

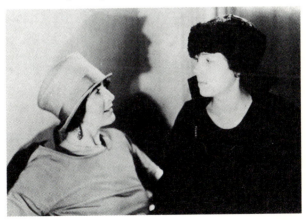

3. Notes, im Nachlaß. McKeldin Library, University of Maryland
4. »fehlende Kenntnis von der territorialen Gestalt der Welt«. In: *VAGARIES MALICIEUSES*, Frank Hallman, New York 1974, S. 10. Deutsch in: *PARIS, JOYCE, PARIS*. Berlin (Verlag Klaus Wagenbach) 1988.
5. »Ich warf eine Münze und zweimal sagte sie Italien«, aus einem Brief ohne Datum aus Paris an Nathalie Barney, Bibliothek Doucet, Paris.
6. LAMENT FOR THE LEFT BANK, Vantage Ground, in: Town and Country XCVI, December 1941, S. 92. Deutsch »Klagelied auf das linke Ufer« in: PARIS, JOYCE, PARIS. Berlin (Verlag Klaus Wagenbach) 1988.

# Quellen

Die Originale der sechs »Reisebilder« stammen aus dem Nachlaß von Djuna Barnes in der McKeldin Library, University of Maryland. Sie wurden in folgenden Zeitschriften publiziert:

1. *A Bit of an Indiscretion (Ein Hauch von Indiskretion) in: Charm* Nr. IV, August 1925, S. 18, 19 u. 79 (Unter dem Pseudonym Lydia Steptoe)
2. *This Yearning for Solitude*; The Mournful Experiences of a Young Lady Who Tried to Leave Paris – and Couldn't (*Diese Sehnsucht nach Einsamkeit*) in: *Charm* Nr. V, Juli 1926, S. 46, 47 u. 80 (Unter dem Pseudonym Lydia Steptoe)
3. *French Etiquette for Foreigners*; Being a Gentle Warning to the Unprepared American Tourist Loose in Paris (*Französische Etikette für Ausländer*) in: *Charm* Nr. VI, Januar 1927, S. 20, 21, 80 u. 81 (Unter dem Pseudonym Lydia Steptoe)
4. *Reproving Africa (Ein Denkzettel für Afrika)* in: *New Yorker* IV, 5. Mai 1928. S. 26–28
5. *On Returning from Abroad (Über die Heimkehr aus der Fremde)* in: *Charm* Nr. X, Oktober 1928, S. 28, 29 u. 79 (Unter dem Pseudonym Lydia Steptoe)
6. *The Woman Who Goes Abroad to Forget (Die Frau, die auf Reisen geht, um zu vergessen)* in: *New Yorker* Nr. IV, 8. Dezember 1928. S. 28, 29

# Reisestationen in den Jahren 1920–1928

| | |
|---|---|
| 1920 | Ankunft in Paris |
| 1921/22 | Berlin, Freiburg i. Br. |
| 1922 | Erste Rückkehr nach Amerika – New York |
| 1923 | Paris |
| 1924 | Cagnes-sur-Mer (Oktober 1924 – Februar 1925) |
| | Juan-les-Pins, Cannes, Cassis, Marseille |
| 1925 | Rom (Mai) |
| | Samois (Juni – September) |
| | Mallorca (November) |
| | Paris |
| 1926 | Zweite Rückkehr nach Amerika – New York, East Orange, N.J. |
| 1927 | Paris |
| 1928 | Dritte Rückkehr nach Amerika – New York, East Orange, N.J. (September 1928 – März 1929) |

# DJUNA BARNES

### Paris, Joyce, Paris
Dieser Band enthält zwei bisher unbekannte Texte von
Djuna Barnes über Paris und ihr berühmtes Porträt
von James Joyce.
*SVLTO. Rotes Leinen. 96 Seiten mit vielen Fotos.*

### Solange es Frauen gibt, wie sollte
### da etwas vor die Hunde gehen?
»So wie sie müßte man Menschen beschreiben können.
So knapp, pointiert und respektlos. Nichts entgeht ihr,
nichts spart sie aus. Details erzählen Geschichten.«
TILMANN JENS, MARIE CLAIRE
*SVLTO. Rotes Leinen. 96 Seiten mit vielen Fotos.*

### Leidenschaft
Die berühmten Erzählungen der amerikanischen Schriftstellerin in neuer Übersetzung: Portraits von Menschen,
die nicht die allgemeine Kontaktunfähigkeit, sondern
ihre Individualität von einander trennt.
*Quartheft 147. 128 Seiten.*

### Portraits
Interviews mit bekannten und unbekannten Zeitgenossen
– von Coco Chanel bis James Joyce
Eine Passionierte – in beiderlei Sinn: der Leidenschaft
und der Leidensfähigkeit – ist sie immer, auch in
diesen leichthin skizzierten, scheinbar flüchtigen
Begegnungen. Das befähigt sie, hinter der meist
brillanten Fassade der Großen und Erfolgreichen die
geheimen Tragödien, die Trauer hinter der Clownerie
zu sehen, den der Epoche inhärenten Pessimismus
hervorzulocken, die ihr eigener war, und der so gern
unter der genußfrohen Eleganz der Belle Epoque oder
dem Glamour der ›Roaring Twenties‹ verschwindet.
*Englische Broschur. 208 Seiten. Mit vielen Fotos.*

## Aus dem Amerikanischen von Karin Kersten

## LESEN SIE WEITER:

### Ramón Gómez de la Serna
### . *Madrid. Spaziergänge*

Die schönsten Seiten Madrids in seiner besten Zeit,
beschrieben von einem Kenner und leidenschaftlichen
Bewunderer: Ramón, Schriftsteller und seinerzeit
intellektueller Mittelpunkt Madrids als kundiger Führer
in die verborgenen Winkel der Hauptstadt.

*Ausgewählt und mit einem Nachwort von Fritz Rudolf Fries.*
*Aus dem Spanischen von Gerda Schattenberg.*
*SVLTO. Rotes Leinen. 96 Seiten mit zahlreichen Abbildungen.*

### Carlo Emilio Gadda
### *Mein Mailand*

Ein kleines Lesebuch mit allen wichtigen Texten des
›Vaters der modernen italienischen Literatur‹
über seine Heimatstadt; mit sorgfältig ausgesuchten
zeitgenössischen Bildern.

*Aus dem Italienischen von Toni Kienlechner.*
*SVLTO. Rotes Leinen. 96 Seiten mit vielen Fotos.*

### Virginia Woolf
### *London. Bilder einer großen Stadt*

Sechs meisterhafte Prosabilder der berühmten Schriftstellerin aus einer melancholischen Metropole. Ein Buch
über das London zwischen den Weltkriegen – für
Reisende, die wissen möchten, was noch da ist.

*Aus dem Englischen und mit einem Nachwort von Kyra Stromberg.*
*SVLTO. Rotes Leinen. 96 Seiten mit vielen Fotos.*

### Klaus Wagenbach   *Kafkas Prag*

Franz Kafka hat seine Heimatstadt nur selten verlassen
und war zudem ein notorischer »Herumtreiber«
auf ihren Straßen und Plätzen.
Klaus Wagenbach ist ihm nachgegangen, beschreibt seine
Wohnungen, folgt ihm in die Cafés und Parks.
Ein Reiselesebuch in Text und Bildern.

*SVLTO. Rotes Leinen. 128 Seiten mit vielen Fotos und Städtplänen.*

Natalia Ginzburg
*Anton Čechov. Ein Leben*
Mit ihrer großen Kenntnis innerfamiliärer Konstellationen und stiller Leidenschaften erzählt Natalia Ginzburg das kurze Leben Anton Čechovs (1860–1904).
*Aus dem Italienischen von Maja Pflug.*
*SVLTO. Rotes Leinen. 96 Seiten.*

Félix de Azúa
*Fahnenwechsel*
Ein Liebesroman vor historischer Kulisse und unter Benutzung explosiver Waffen sowie einer Prise Hemingway.
*Aus dem Spanischen von Peter Schwaar.*
*Quartuch Schwarzes Leinen. 200 Seiten.*

Stephan Hermlin
*Scardanelli, Hölderlin*
Zwei Texte über Hölderlin, den ›armen‹ und närrischen Dichter, der eine schönere Gesellschaft wollte als die »ehern bürgerliche«.
*SVLTO. Rotes Leinen. 80 Seiten.*

Iris Origo
*Allegra. Byrons Tochter*
Blick in ein bizarres Séparée der Romantik. Die Biographie eines berühmten Kindes, das nur fünf Jahre alt wurde.
*Aus dem Englischen von Getraude Krueger.*
*SVLTO. Rotes Leinen. 96 Seiten.*

Ulrike Marie Meinhof
*Die Würde des Menschen ist antastbar*
*Aufsätze und Polemiken*
Zeugnisse aus der Frühzeit der Bundesrepublik und Beispiel eines entschiedenen Journalismus.
*Wagenbachs Taschenbuch 202. 192 Seiten.*

Virginia Woolf
*Die schmale Brücke der Kunst*
Bisher unbekannte, zum erstenmal ins Deutsche
übersetzte Texte der großen englischen Schriftstellerin
über das literarische Metier.
*Aus dem Italienischen und mit einem Nachwort von Kyra Stromberg.*
*SVLTO. Rotes Leinen. 112 Seiten mit Abbildungen.*

Giuseppe Tomasi di Lampedusa
*Shakespeare*
Der Autor des Leopard über die Verkleidungen seines
Kollegen: Shakespeare hinter Shakespeare.
*Aus dem Italienischen von Maja Pflug.*
*SVLTO. Rotes Leinen. 96 Seiten.*

Natalia Ginzburg
*Schütze*   Roman
Die Pläne beim Älterwerden und wie sie scheitern,
oder: Die Mutter als Quälgeist.
*Aus dem Italienischen von Joachim Meinert.*
*SVLTO. Rotes Leinen. 112 Seiten.*

*Schweizer Reise*
Ein literarischer Reiseführer durch die heutige Schweiz
von Autoren über ihr Land, in Gedichten und Prosa.
Ein Panorama mit Sichtweite.
*Quarheft 186. 160 Seiten.*

Wenn Sie *mehr* über den Verlag und seine Bücher wissen
möchten, schreiben Sie uns eine Postkarte.
Wir schicken Ihnen gern die ZWIEBEL, unseren
Westentaschenalmanach mit Lesetexten aus
den Büchern. Kostenlos, auf Lebenszeit!

Verlag Klaus Wagenbach,
Ahornstraße 4, 10787 Berlin

*Die Frau, die auf Reisen geht, um zu vergessen*
erschien als vierunddreißigster *SVLTO* im September 1992

Abbildungen auf den Seiten 6, 14, 37, 56/57:
Archiv für Kunst und Geschichte, Berlin;
Seite 11 und 69: Ullstein Bilderdienst;
New York Public Library: Seite 21;
Süddeutscher Bilderdienst, München: Seite 22 und 38/39;
Landesbildstelle Berlin: Seite 67.

11. – 13. Tausend im April 1994
©1992 Verlag Klaus Wagenbach, Ahornstraße 4, 10787 Berlin
Der Einband verwendet ein Foto des Bettman Archivs, New York
Gesetzt aus der Korpus Goudy von Mega-Satz-Service, Berlin
Gedruckt und gebunden durch Clausen & Bosse, Leck
Gedruckt auf chlor- und säurefreiem Papier
Leinen von Herzog, Beimerstetten
Printed in Germany. Alle Rechte vorbehalten
ISBN 3 8031 1133 1